EXPOSITION

MÉTHODIQUE

DE L'APOCALYPSE,

CONFORME

A LA TRADITION DE L'ÉGLISE CATHOLIQUE;

C'EST-A-DIRE,

Uniquement relative à la conversion des Juifs
et à la fin du monde.

*Beatus qui legit et audit verba
prophetiæ hujus.*

Apoc. cap. I, 3.

A PARIS,

DE L'IMPRIMERIE D'ADRIEN LE CLERE.

1818.

EXPOSITION

MÉTHODIQUE

DE L'APOCALYPSE.

L'Apocalypse de saint Jean est sans doute un livre infiniment mystérieux, mais il a été dicté par la vérité éternelle; et la vérité, qui souvent se cache aux sages du siècle, se manifeste en même temps aux humbles et aux pauvres d'esprit.

L'église catholique a toujours regardé l'Apocalypse comme une prophétie des événemens qui auront lieu à la fin du monde. C'est en vain que les protestans ont osé profaner le texte sacré, pour l'employer à soutenir leurs blasphêmes contre l'église romaine. C'est en vain que Bossuet, Dupin, et quelques autres, ont prétendu le rapporter, par des allusions forcées, aux révolutions politiques qui ont renversé l'empire romain. Tous les raisonnemens et toutes les autorités doivent nous porter à considérer l'Apocalypse comme la prédiction des circonstances qui accompagneront la conversion des Juifs et le second avénement de Jésus-Christ.

Quoique nous soyons déjà témoins des progrès de cette incrédulité, qui parviendra à son dernier période dans les temps indiqués par saint Jean, nous sommes certainement encore fort loin de la fin du monde. L'Évangile n'a point encore été prêché partout, toutes les nations n'ont point encore adoré la croix, et l'Eglise de Jésus-Christ n'a point encore étendu ses conquêtes spirituelles sur l'univers entier.

Nous ne saurions nous appliquer à réfuter le système de l'évêque de Meaux, puisqu'il est contraire à la tradition. Un grand nombre de pères de l'Eglise ont cru à la vérité que l'empire romain devoit durer jusqu'à la fin du monde ; mais ils ont tous considéré l'Apocalypse comme étant relative aux derniers temps de l'univers, et non pas à la fin de l'empire. Au reste, on peut considérer la monarchie temporelle des papes à Rome, comme étant actuellement l'empire romain, et véritablement on peut espérer dans ce sens, qu'il durera jusqu'au temps de l'antechrist, c'est-à-dire, que les pontifes romains seront souverains temporels jusqu'à cette époque. Mais on ne trouve rien dans l'Écriture qui se rapporte à cette opinion.

Tout le monde est d'accord sur l'interprétation des quatre premiers chapitres de l'Apocalypse : nous allons exposer quelques réflexions sur les autres. Nous observerons d'abord en général, que ce livre n'est pas une vision seule, mais bien un complexe de visions indépendantes, dont les unes expriment des choses différentes, tandis que les autres expriment les mêmes choses sous des images différentes. Saint Jean n'a point écrit pour contenter notre curiosité, mais afin que les hommes qui seront témoins des derniers événemens puissent reconnoître qu'ils ont été prédits, et puissent par ce moyen s'affermir dans la foi de Jésus-Christ, ou l'embrasser s'ils ne l'ont pas encore reçue. L'Apocalypse est visiblement destinée à convertir les Juifs, et à soutenir la foi des chrétiens dans la dernière persécution. Saint Jean ne s'est point astreint à faire une histoire chronologique, à placer les faits dans leur ordre naturel, à éviter les répétitions. Il nous a présenté plusieurs tableaux, tracés tous également par la vérité éternelle. Ceux qui se trouveront à l'époque à laquelle ils se rapportent, ne seront pas embarrassés de les mettre en ordre et d'y reconnoître les événemens. Quant à nous, pour coordonner toutes les visions de l'Apocalypse, il nous faut nécessairement adopter une hypothèse. Or, tandis que nous voyons le texte se refuser à chaque instant à celle de Bossuet, nous voyons qu'il se prête parfaitement à celle qui l'applique aux destinées futures du peuple juif.

Saint Jean commence par voir Jésus-Christ, qui le charge de donner plusieurs instructions à sept évêques de l'Asie-Mineure : cette première vision forme les trois premiers chapitres de l'Apocalypse. Le quatrième et le cinquième contiennent une magnifique description du temple céleste. Les sept lampes indiquent les sept sacremens par le moyen desquels Dieu est dans un rapport intime avec les hommes. Les vingt-quatre vieillards indiquent les patriarches et les apôtres ; les quatre animaux indiquent les évangélistes ; le livre fermé de sept sceaux indique le décret de prédestination du peuple juif, qui se rend manifeste graduellement et d'une manière éclatante, à sept époques principales. Jésus-Christ seul peut ouvrir ce livre, parce que c'est par lui que s'accomplissent tous les décrets de la Providence.

L'ouverture du premier sceau indique la ré-

surrection de Jésus-Christ ; l'ouverture du second indique l'époque où les Juifs commen-
cèrent à se révolter contre les Romains ; l'ouverture du troisième indique le siége de Jérusalem , et cette horrible famine qui en fut la
suite. Il semble même que cette voix qui s'élève
entre les quatre animaux , indique l'historien Jo-
sèphe, qui nous a transmis les détails de ce siége.
L'ouverture du quatrième sceau indique le sac
de Jérusalem , et les malheureuses circonstances
qui accompagnèrent l'extinction de la révolte
et le triomphe des Romains.

Saint Jean passe ensuite aux derniers âges du
monde ; et l'ouverture du cinquième sceau semble indiquer le commencement du triomphe de
l'antechrist. Les martyrs chrétiens nous sont
représentés comme étant étonnés de la prospé-
rité de l'impie ; on leur annonce que bientôt
leurs désirs seront exaucés, c'est-à-dire, au
moment où les derniers appelés, que nous savons être les Juifs , auront reçu la couronne.

L'ouverture du sixième sceau indique le ter-
me des quarante-deux mois, fixé au triomphe
de l'antechrist et à l'illusion des Juifs ; elle indique ce tremblement de terre qui doit accom-
pagner l'ascension d'Enoch et d'Elie ; elle indique le trouble que ces prodiges exciteront

dans l'ame des hommes. Il seroit, au reste, téméraire de décider si tous les symptômes physiques qui se rattachent dans le texte à cette époque et à toutes les autres de l'Apocalypse, doivent être pris dans leur sens littéral, ou bien dans un sens allégorique.

Saint Jean passe ensuite à décrire la conversion des Juifs, qui devra suivre l'ascension d'Enoch et d'Elie ; il seroit également téméraire de décider si le nombre de cent quarante-quatre mille doit se prendre pour un nombre indéterminé, ou bien s'il indique réellement quel sera le nombre des Juifs qui embrasseront la foi de Jésus-Christ dans les derniers temps. Ce signe que les anges impriment à ces élus indique le baptême. En même temps on nous représente la gloire des chrétiens de toutes les nations, qui mériteront de recevoir la couronne du martyre dans la dernière persécution.

Après l'ouverture du sixième sceau, saint Jean nous montre comme un silence de demi-heure dans le royaume des cieux, expression allégorique sans doute, pour nous faire sentir l'intérêt que le retour des enfans d'Israël inspire à toute la cour céleste. L'évangéliste décrit ensuite dans le huitième, dans le neuvième, et dans les derniers versets du chapitre onzième, les derniers fléaux dont les méchans seront frappés, depuis la conversion des Juifs jusqu'au glorieux avénement de Jésus-Christ.

Il est visible que le chapitre dixième n'a aucune liaison avec ce qui précède ni avec ce qui suit; c'est une vision particulière dans laquelle un ange ordonne à saint Jean d'annoncer toutes les choses qui sont contenues dans les autres visions; il lui apprend spécialement ce qui auroit été clairement reconnu par le seul texte des autres chapitres; savoir, que le son de la septième trompette annonce l'avénement de Jésus-Christ, qui est l'accomplissement de toutes les prophéties et de tous les mystères.

Les sept époques désignées par le son des trompettes, sont les mêmes que nous trouvons indiquées au chapitre seizième, par l'effusion des sept fioles : nous en parlerons plus bas. Observons d'abord que le sens du texte se lie naturellement, depuis le dernier verset du chapitre neuvième jusqu'au quatorzième verset du chapitre onzième, ce qui est invinciblement démontré, parce que ce verset même se rapporte au dernier du chapitre huitième, qui annonce trois malheurs consécutifs, dont les deux premiers sont rapportés dans le chapitre neuvième, et le troisième est indiqué au quinzième verset du onzième. Il est clair que les treize premiers versets de ce chapitre se rattachent par leur sens naturel à la fin du chapitre treizième. Cette transposition n'attaque en rien l'intégrité du texte. Le Saint-Esprit a voulu certainement que cette irrégularité apparente subsistât dans l'Apocalypse, pour de bonnes raisons. Elle n'est, disons-nous, qu'une irrégularité apparente; car en effet, un homme qui donneroit une description d'une galerie de tableaux, seroit-il infidèle et menteur, si, après avoir décrit un tableau qui se trouve à la porte, il en décrivoit un autre situé à l'autre extrémité, et s'il revenoit ensuite à celui qui est placé à côté du premier?

Saint Jean, après avoir décrit de la manière que nous venons d'exposer, tout ce qui doit arriver à la fin du monde, reprend le même sujet sous une autre forme, et avec d'autres détails. Il nous représente, dans le chapitre douzième, la synagogue au moment d'enfanter le Messie : cette femme en effet, couronnée de douze étoiles, avec le soleil sur la tête et la lune sous les pieds, ne peut être l'Eglise; car Jésus-Christ l'a formée, mais n'est point sorti d'elle. Le soleil indique le Saint-Esprit, la lune indique la sainte Vierge, et les étoiles indiquent les enfans de Jacob.

Le prince des démons est ensuite désigné sous l'image d'un dragon à sept têtes, ayant à sa suite la troisième partie des étoiles du ciel, c'est-à-dire, tous les anges rebelles. On décrit la naissance et l'ascension du Messie. La femme se trouve alors dans un état de solitude, c'est-à-dire, que la synagogue est abandonnée; elle est cependant nourrie pendant mille deux cent soixante jours, ce qui se rapporte à la prédication d'Enoch et d'Elie. Le texte ne nous dit point qu'elle soit nourrie dès le moment de sa retraite, mais bien pendant sa retraite.

Saint Jean décrit ensuite le combat des anges contre les démons, dont l'issue est que le prince de ces derniers est jeté sur la terre; ce qui semble se rapporter au commencement de la persécution de l'antechrist. La femme alors est portée dans un désert, et à sa place; ce qui paroît désigner le retour des Juifs en Palestine à cette époque. On répète que la femme, c'est-à-dire la synagogue, sera nourrie pendant trois ans et demi. Enfin il est dit que le diable fera tous ses efforts pour l'entraîner, et qu'elle sera secourue; que le diable s'irritera contre elle, et qu'il persécutera ceux de ses enfans qui seront baptisés. Toutes ces choses sont relatives au soin que l'antechrist aura de se faire soutenir par la synagogue, pendant les quarante-deux mois; à la prédication d'Enoch et d'Elie, à la conversion des cent quarante-quatre mille Juifs, à la persécution qu'ils éprouveront en conséquence. En adoptant, sur l'Apocalypse, la véritable interprétation que nous suivons, tout est coordonné, la lumière jaillit de tous côtés, et l'on trouve dans les moindres expressions une signification qui est en harmonie avec l'ensemble de la prophétie. C'est ainsi que le dernier verset du chapitre *Et stetit suprà arenam maris*, continue le sens, en nous exprimant que le diable cherchera à se soutenir sur le sable de la mer, c'est-à-dire, sur les réprouvés; car la mer, dans toute l'Apocalypse, ou pour le moins dans plusieurs passages, signifie la masse des réprouvés, tout comme la terre signifie la masse des justes.

Dans le chapitre treizième, saint Jean nous montre l'antechrist et nous décrit sa puissance; il sort de la mer, c'est-à-dire, de la masse des réprouvés; il a sept têtes et dix cornes. Le chapitre dix-septième nous apprend ce qu'il faut entendre par ces têtes et par ces cornes. Il paroît qu'avant son exaltation, il y aura dix royaumes qui se partageront entre eux l'empire du monde. L'antechrist usurpera d'abord un de ces royaumes; il s'emparera ensuite de trois autres, et alors, uni aux six autres rois, il commencera à persécuter la religion. Bientôt il fera des prodiges ; il fera croire qu'il est mort et ressuscité ; le diable lui donnera toute sa puissance ; il s'emparera des six autres royaumes ; il voudra se faire passer pour le Messie ; il sera aidé dans cette prétention par un faux prophète ; il sera adoré comme étant le Messie, pendant quarante-deux mois. Il paroît que l'antechrist sera un homme, et non pas le diable incarné ; car le texte distingue toujours la bête d'avec Satan ; mais il paroît qu'il sera juif de nation, qu'il régnera sur toute la terre pendant les quarante-deux mois, en qualité de roi des Juifs et de Messie triomphant, tel que les Juifs ne cessent de l'attendre. Or il faut de nécessité que l'antechrist soit juif de nation, car sans cela il ne pourroit prétendre d'être le Messie. Quant au faux prophète, il paroît qu'il sera chrétien, car il est dit qu'il sort de la terre ; et même la ressemblance apparente qu'il a avec Jésus-Christ peut nous faire croire que ce sera un prélat qui se rendra coupable de séduction et d'apostasie, et qui, par de faux miracles, engagera la plus grande partie de l'Eglise à adorer l'antechrist.

Saint Jean nous décrit plusieurs circonstances de cette persécution, particulièrement l'obligation qui sera imposée à tous les sujets de l'antechrist, de recevoir sur leur main ou sur leur front l'empreinte de son nom. Nous savons qu'en hébreu et qu'en plusieurs autres langues, tous les mots ont une valeur numérique, et qu'il y en a une infinité qui forment la valeur de 666 : ainsi tous les détails que donne saint Jean n'ont rien d'invraisemblable.

Mais comment se fera-t-il que le livre de l'Apocalypse ne serve pas à détromper les hommes dans ces derniers temps? Ils reconnoîtront sans doute, dans l'accomplissement de cette prophétie, une opération surnaturelle; mais, outre qu'ils fermeront les yeux sur l'accomplissement de la partie allégorique, voyant également une opération surnaturelle dans les miracles prodigieux que feront l'antechrist et son prophète, au point de faire descendre le feu du ciel, et de faire parler l'image de la bête, ils demeureront insensibles même à l'accomplissement de la partie littérale de l'Apocalypse. D'ailleurs il n'est pas dit que tous ceux qui abandonneront le christianisme seront intérieurement convaincus que l'antechrist soit le Messie. Il est probable qu'il n'y aura guère que les Juifs qui seront de bonne foi, et que les autres seront des hommes impies et corrompus, qui, sans avoir in-

téricurement aucune religion, rendront exté-
rieurement à leur monarque tous les honneurs
qu'il voudra, et suivront le culte qu'il lui plaira
de leur prescrire.

C'est à la suite du chapitre treizième qu'il
faut placer les treize premiers versets du onzième, pour continuer l'histoire prophétique
de cette horrible persécution. Il est dit à saint
Jean de mesurer le temple de Dieu, c'est-à-dire,
l'église catholique ; ce qui est pour nous rappe-
ler qu'elle ne manquera point, au milieu de l'a-
postasie générale, quoique réduite à un petit
nombre d'élus, parmi lesquels nous devons croire
que sera le pontife romain. Saint Jean apprend
que le vestibule du temple est livré aux gentils,
qui exerceront leur puissance pendant quarante-
deux mois dans la ville sainte, c'est-à-dire,
dans Jérusalem. Le vestibule du temple, c'est-
à-dire, de l'Eglise, n'est autre chose que la synagogue.

Pendant ces quarante-deux mois, Dieu en-
verra deux prophètes qui auront le don de faire
des miracles. La tradition et les prophéties de
l'ancien Testament nous portent à croire qu'E-
noch et Elie seront ces deux prophètes, quoique l'Apocalypse ne nous le dise point. Leur
mission sera d'inculquer aux Juifs que l'ante-

christ n'est point le Messie, mais bien un dé-
testable imposteur. Après avoir enseigné et fait
des miracles pendant douze cent soixante jours,
ils seront mis à mort, et leurs corps demeureront
exposés sur la place de Jérusalem. Observons
ici que cette ville est clairement désignée par
cette expression, *ubi et Dominus eorum cruci-
fixus est.*

Or, comme en même temps elle est qualifiée
de grande ville, et qu'il est dit qu'elle est mys-
tiquement désignée sous le nom de Sodome et
sous le nom d'Egypte, il s'en suit que c'est encore Jérusalem qui est désignée plus bas, sous
le nom de Babylone. En effet, il est bien naturel
que l'antechrist, voulant passer pour le Messie,
ramène les Juifs dans la Palestine, établisse à
Jérusalem le siége de son empire, embellisse et
augmente considérablement sa capitale.

Au reste, saint Jean nous apprend que les deux
prophètes, après avoir été trois jours et demi
sans vie, ressusciteront publiquement, et monte-
ront au ciel, aux yeux de leurs ennemis. Au
même instant un tremblement de terre renver-
sera la dixième partie de la ville, sept mille habitans périront, ensevelis sous les ruines, et les
autres se convertiront : c'est l'événement qui est
indiqué par l'ouverture du sixième sceau.

Saint Jean continue ensuite son récit : dans le chapitre quatorzième, il nous montre les cent quarante-quatre mille Juifs convertis par Enoch et par Elie; il nous les montre baptisés et unis à Jésus-Christ. Il paroît au reste, par le texte, que ces Israélites seront ceux qui seuls, parmi leurs compatriotes, même avant leur conversion au christianisme, auront refusé de reconnoître l'antechrist pour le Messie, ne participant pas ainsi à la prostitution de la synagogue. Car il semble qu'on devroit lire dans le texte, qu'ils n'ont pas péché avec *la femme,* et non pas avec les femmes.

Tandis que saint Jean nous montre ces cent quarante-quatre mille élus sur la montagne de Sion, dans la foi de Jésus-Christ, il nous présente, par la voix de trois anges, un jugement sur les événemens dont il est question : nous dirons plus bas ce qu'on doit entendre par la chute de Babylone. Saint Jean nous décrit ensuite le glorieux avénement de Jésus-Christ, qui est accompagné de la mort de tous les impies.

Les chapitres quinzième et seizième contiennent la description des fléaux qui affligeront la terre, depuis l'ascension d'Enoch et d'Elie jusqu'à l'avénement de Jésus-Christ. Les sept fioles, dans ces deux chapitres, indiquant les mêmes époques que les sept trompettes des chapitres huitième, neuvième et onzième, il est important de comparer les deux textes, qui commencent d'ailleurs tous les deux par indiquer l'hommage des prières des saints, qui est offert au trône de Dieu.

La première trompette et la première fiole indiquent un fléau qui s'exercera sur les plantes. Il seroit téméraire de décider si tous ces passages doivent être entendus dans un sens allégorique ou dans un sens littéral. La seconde trompette et la seconde fiole indiquent un fléau qui s'exercera sur la mer. La troisième trompette et la troisième fiole indiquent un fléau qui s'exercera sur les fleuves. La quatrième fiole indique un fléau qui s'exercera sur le soleil, et qui produira une chaleur insupportable.

La quatrième trompette coïncide avec la cinquième fiole; elles expriment également un fléau qui s'exercera sur le soleil, sur la lune et sur les étoiles.

La cinquième trompette semble désigner un événement dont la description paroît allégorique. Il semble que les sauterelles indiquent une troupe d'hommes méchans excités par Satan, qu'on nomme ici Appollyon ou exterminateur,

et

et que ces hommes tourmenteront pendant cinq mois les autres impies.

La sixième trompette et la sixième fiole coïncident de nouveau ensemble; elles indiquent un rassemblement de princes et de soldats qui viendront de l'Orient, et qui, après avoir traversé l'Euphrate, porteront la mort et la désolation sur leur passage, et se réuniront au lieu nommé en hébreu Armageddon. Il est bon d'observer qu'il est dit que les hommes, malgré tous ces malheurs, ne laisseront pas de persister dans leur idolâtrie : il est probable que leurs idoles seront les images de l'antechrist, comme il est dit au chapitre treizième; ou bien on doit entendre les passions des hommes sous le nom d'idoles.

La septième trompette et la septième fiole indiquent l'accomplissement des mystères. Un horrible tremblement de terre renverse Jérusalem et toutes les autres villes; le tonnerre, les éclairs, la grêle la plus violente, accompagnent l'anéantissement des montagnes et des îles; l'arche du nouveau Testament, c'est-à-dire, la croix, brille dans les airs, et Jésus-Christ paroît dans toute sa gloire.

Après nous avoir décrit tous ces prodigieux événemens, saint Jean nous donne de nouveaux éclaircissemens, qui confirment pleinement la seule interprétation qu'il soit permis de donner à l'Apocalypse. La femme, c'est-à-dire la synagogue, est dans le désert, c'est-à-dire dans la Palestine ; elle se soutient sur l'antechrist qu'elle a adopté pour Messie ; elle se prostitue aux impies, c'est-à-dire, qu'elle donne à l'imposture tout le poids imposant de son suffrage. Quelle inscription plus appropriée aux destinées surprenantes du peuple juif, que ce seul mot, *mystère?* La synagogue est ivre du sang des martyrs chrétiens. Quelle ne devra pas être en effet sa cruauté dans le temps de son triomphe éphémère?

Passons maintenant à l'explication plus détaillée de cette allégorie : la bête indique à la fois l'antechrist et son empire. Or, au moment que cet imposteur se déclarera le Messie des Juifs, son royaume sera le royaume des Juifs, qui avoit cessé au moment où saint Jean écrivoit, *bestia quam vidisti fuit et non est.* La persécution contre la religion commencera par sept rois, au nombre desquels sera l'antechrist, et continuera par lui seul, lorsqu'il sera arrivé à la monarchie universelle. Voilà comment son royaume est à la fois l'un des sept et le huitième. Parmi les sept royaumes dont les monarques de-

vront commencer la persécution, cinq n'existoient plus au temps où écrivoit saint Jean, un
autre existoit, et l'autre n'avoit pas encore été
formé. Par exemple, la Chine ou la Perse existoient alors, la France, l'Espagne, l'Egypte, la
Syrie, la Macédoine, n'existoient plus, parce que
ces États avoient été conquis par les Romains ; les
États-Unis n'avoient pas encore été formés. Nous
disons ceci pour faire comprendre l'esprit de la
prophétie, et non pour choisir parmi les diffé-
rens États auxquels la prophétie peut s'appliquer.

Les sept têtes, est-il dit, sont sept montagnes
sur lesquelles la femme est assise, et ils sont
sept rois. Il est clair que cette expression est la
même chose que si l'on avoit dit que sept rois,
semblables à sept montagnes, à sept piédestaux,
à sept colonnes, à sept bases, à sept fondemens
quelconques, soutiennent la femme. C'est néanmoins sur une fausse intelligence de ce passage,
qu'ont été fondés à la fois le système impie et
absurde des interprètes protestans, et le système superficiel et insoutenable de Bossuet. Ils
ont voulu sans aucune raison attribuer à Rome
ce qui appartient à Jérusalem. Il est même très-
probable que c'est encore Jérusalem qu'il faut
entendre sous le nom de Babylone, dans l'Epître
du prince des apôtres.

Saint Jean nous dit ensuite que, par les dix cornes de la bête, il faut entendre dix hommes qui prendront la dignité royale après l'antechrist. Il paroît que ce seront les dix rois dont les États auront successivement été envahis par cet imposteur, qui, après la révolution qui sera opérée en Palestine par la conversion des Juifs, se révolteront contre lui. Ils persécuteront alors les Israélites, ils envahiront la Judée; et cette rebellion de ces dix rois contre l'antechrist semble se rapporter, soit aux événemens indiqués par le son de la cinquième et de la sixième trompette, soit à la guerre de Gog et de Magog. Ces impies se détruiront d'abord entre eux, et seront enfin tous également exterminés à l'avénement de Jésus-Christ. Il paroît que ce ne sera qu'à cette époque que l'antechrist, qui aura été témoin de la révolte de ses sujets, sera précipité dans les enfers avec son faux prophète.

Le chapitre dix-huitième contient uniquement des exclamations sur la chute de Babylone, c'est-à-dire, sur la destruction de la puissance de l'antechrist, et sur la destruction de la synagogue, à laquelle se rapportent, de la manière la plus évidente, le quatrième verset, qui est une invitation aux Juifs de se convertir, et le septième, qui se rapporte à leur prétention d'avoir enfin reconnu le Messie dans la personne de l'ante-christ.

Dans le dix-neuvième chapitre, on nous décrit sous une autre forme les mêmes événemens. On nous représente les sentimens des habitans du ciel, l'avénement glorieux de Jésus-Christ, la réunion de la bête, du faux prophète et des rois de la terre contre le fils de Dieu. Il paroît qu'à la fin le danger commun les aura réunis, mais que la bête et le faux prophète seront jetés vivans dans un lac enflammé, et que tous les autres périront misérablement.

Dans le vingtième chapitre, saint Jean nous montre le démon lié pendant mille ans, au bout desquels il est mis en liberté pour un temps très-court ; alors il assemblera Gog et Magog, qui viendront assiéger la ville sainte. Mais ils seront dévorés par le feu, et le diable sera jeté dans le lac enflammé, où il sera, ainsi que la bête et le faux prophète, tourmenté pendant les siècles des siècles. Ceux que l'on nomma millénaires, adoptèrent, dans le commencement de l'Église, l'opinion que cet espace de mille ans devoit s'écouler entre le second avénement de Jésus-Christ et le jugement dernier, et que le Fils de Dieu devoit régner en Judée pendant tout cet espace de temps, avec tous les justes, qu'on croyoit devoir ressusciter au moment de son avénement. Cette interprétation est rejetée depuis long-temps, soit parce qu'il paroît au verset 10, que le diable, la bête et le faux prophète seront précipités en même temps, soit parce qu'on n'est pas fondé à croire que mille ans après le second avénement de Jésus-Christ, il y aura sur la terre des impies capables de venir assiéger Jérusalem, que le texte désigne ici sous le nom de la cité sainte (en conséquence de la conversion des Juifs) ; soit parce qu'il ne pourroit pas y avoir de jugement universel après les mille ans, si tous les justes ressuscitoient avant cette époque, puisqu'il est dit que tous ceux qui auront part à la première résurrection ne seront pas soumis à l'empire du péché et de la mort.

C'est pourquoi l'on croit communément que cet espace de mille ans indique le temps qui doit s'écouler entre la résurrection de Jésus-Christ et la résurrection universelle ; l'on croit que le nombre mille signifie un nombre indéterminé d'années. L'on croit que cette guerre de Gog et de Magog n'est autre chose que la révolte des dix rois contre l'antechrist, dont nous avons parlé. L'on croit enfin que ce premier jugement et cette première résurrection n'indiquent autre chose que ce que nous appelons le jugement particulier qui suit la mort des saints, et après lequel ils entrent dans le royaume des cieux. Ce chapitre finit par une description du jugement dernier, semblable à celle qu'on trouve dans l'Évangile.

Saint Jean nous décrit ensuite, dans le vingt-unième chapitre, ce qui doit suivre le jugement dernier. C'est une tradition commune à tous les peuples de l'univers, que le monde doit être renouvelé par le feu, et qu'il doit se former un nouvel univers, *et vidi cœlum novum, et terram novam.* Les bons et les méchans reprenant également leurs corps, et reprenant les mêmes corps modifiés, il est naturel que le monde physique qui doit les contenir éprouve aussi des modifications. Les chapitres vingt-unième et vingt-deuxième contiennent une description magnifique du Paradis, dans laquelle il peut y avoir quelque chose d'allégorique, mais où il y a beaucoup de littéral, et où l'on est forcé, à chaque parole, de rendre hommage à la grandeur et à la majesté de l'Apocalypse.

Le but de ce discours a été de répéter ce qu'on trouve dans les saints Pères sur l'interprétation de ce livre mystérieux, dans lequel un catholique doit chercher la description de la conversion des Juifs, de la persécution du faux Messie, du second avénement de Jésus-Christ, et de la fin du monde.

L'on doit consulter, sur les mêmes événemens, ce qu'on trouve dans les autres livres du Nouveau Testament; et quant à ceux de l'Ancien, il faut méditer particulièrement la prophétie de Daniel. Il faut cependant appliquer littéralement à Antiochus Epiphane ce qu'on y trouve sur la bête aux sept têtes; mais ce prince ayant été incontestablement une figure très-spéciale de l'antechrist, la manière dont son histoire est prophétiquement exposée, comparée avec la manière dont les événemens de sa vie se sont développés, sert à nous donner une certaine intelligence sur l'explication de l'Apocalypse. On doit néanmoins remarquer que la parité entre Antiochus et l'antechrist ne sauroit être parfaite; car le roi de Syrie ne vécut point jusqu'au premier avénement de Jésus-Christ, comme l'antechrist vivra jusqu'au second.

FIN.